김용익의
돌봄 이야기

글 **김용익**

서울대학교 의과대학 교수로 재직하면서 복지국가 추진에 노력하였고
다양한 공직을 마친 후 지금은 전국민돌봄보장 운동에 앞장서고 있다.

재단법인 돌봄과 미래 이사장
서울대학교 의과대학 의료관리학교실 명예교수
국민건강보험공단 이사장(2017-2021)
제19대 국회의원(보건복지위원)(2012-2016)
대통령비서실 사회정책수석비서관(2006-2008)
대통령직속 고령화 및 미래사회위원회 위원장(2004-2006)

그림 **기므지우**

서울대학교 건축학과를 졸업했으나 집은 짓지 않고
이야기를 짓는 컨텐츠 크리에이터로 살아가고 있다.

서울대학교 건축학과 졸업, 컨텐츠 크리에이터
웹툰 [건축학과 1학년]
대중 교양서 [크리틱: 서울대 건축학 교실의 열린 수업]
스토리 게임 [히어로 아닙니다], [How to get Espers]

김용익의

돌봄 이야기

김용익 글
기므지우 그림

건강
미디어
협동조합

이 책에
대해서

돌봄이 시대의 화두가 되고 있다. 이제 다양한 언론에서 돌봄에 관한 기사를 보는 일이 드물지 않다. 이런 추세 때문인지 국민일보에서 돌봄에 대한 연재 칼럼을 맡아 달라는 의뢰를 받게 되었다. 필자는 '전국민돌봄보장' 체계의 구성을 목표로 '돌봄과 미래'라는 재단법인을 만들어 회원들과 함께 돌봄 운동을 하고 있었기에 기꺼이 수락했다.

흔히 노인과 장애인 문제에 대한 칼럼은 이들의 어려운 처지를 드러내고 강조한다. 그러나 대안을 제시하는 글은 많지 않다. 필자는 『김용익의 돌봄 이야기』를 구상하면서 심각성에 대한 설득보다는 큰 방향과 정책적 대안의 제시에 더 중점을 두고자 했다. "이것이 문제다"에 그치는 것이 아니라, "이러면 해결할 수 있다"라는 전망을 주는 글을 쓰고 싶었다.

칼럼은 2023년 5월 8일부터 12월 26일까지 8개월간 격주로 17회가 실렸다. 원래는 10회로 기획되었으나, 반응이 좋았던지 신문사가 추가 집필을 요청하여 7회를 더 쓰게 되었다. 매회당 1,200자 한도의 글이라서 칼럼치고도 짧은 편에 속했지만, 편수는 꽤 많아 다양한 주제를 다룰 수 있었다. 글의 내용을 만화로 만들어 독자들의 이해를 돕고 재미를 더 하기로 했는데 이 작업은 기므지우 작가가 맡아주었다. 글을 써서 보내 주면 김 작가가 순식간에 좋은 그림을 그려주었다. 같이 작업하는 즐거움이 있었다.

연재 칼럼을 마쳐 갈 즈음, 이 글들을 모아 '들고 다니며 읽을 수 있는 짧고 쉬운 책'으로 만들면 좋겠다는 생각이 들었다. 주머니 속에 넣고 다니다가 지하철 안에서도 꺼내 읽을 수 있는 책으로 출판하면 지역사회 돌봄에 대한 생각 거리를 제공할 수 있을 것

같아서였다. 그런 취지를 살려 책의 크기를 작은 판형으로 만들었다. 흔들리면서도 읽을 수 있는 글자체를 고르고 간격도 넓게 했다. 다 해야 100쪽 이내의 얇은 책이니 부담 없이 읽을 수 있을 것이다.

칼럼의 순서와 내용을 수정 없이 싣는다. 처음부터 10회의 주제를 미리 정하고 차례대로 써나갔기 때문에 주제의 순서는 이미 계획적으로 구성되어 있었던 셈이다. 7회가 늘어나면서 회수 제한으로 뺄 수밖에 없었던 주제를 추가할 수 있어 다행스러웠다.

칼럼은 단어를 극도로 아껴 써야 한다. 자세한 설명을 쏠 여유가 없다 보니 독자로서는 알쏭달쏭한 부분도 있고 심하면 저자의 뜻과는 다르게 읽히는 부분도 있었을 것 같다. 그래서 지역사회 돌봄 전체를 정리하는 보론을 책 마무리에 싣기로 했다. 이 글은 칼럼들보다 나중에 읽어도 좋고 미리 읽어도 좋다. 이 책 자체가 '짧고 쉬운 글'을 목표로 하고 있어 보론 역시 자세히 쓰기는 어렵다. 조금 더 본격적인 책은 다음 기회로 미루고자 한다.

이 책이 지역사회 돌봄을 통해 우리 사회를 한결 살 만한 곳으로 만드는 데 조금이라도 자극을 줄 수 있으면 좋겠다.

2024년 1월
마포 이무재(犂蕪齋)에서

김용익

차례

노인도
자기 삶을 살아야

노인 80%가 병원·시설서 임종…
유난히 외로운 한국의 노년

얼마 전 미국 정부는 외로움이 "하루 담배 15개비만큼 해롭다"고 발표했다. 외로움이 그저 우울하다는 심리 상태를 넘어 건강을 해치는 '병균'으로 인식되기 시작했다는 의미다. 주변으로부터 단절될 위험성이 가장 큰 노년의 외로움은 창살 없는 감옥과 같다. 한국 노인 중 1인 가구 비율은 33.4%이지만, 고립감을 느끼는 노인이 반드시 독거노인만은 아닐 것이다.

반대로 노인이 노인시설·요양병원에 수용되는 순간, 또 다른 의미에서의 감옥이 시작된다. 생활의 주도권이 시설이나 병원으로 넘어가기 때문이다. 인권유린의 상태가 아니더라도 시설에서의 삶은 지금까지의 삶이 아니다. 그런데 한국 노인 10명 중 8명은 병원이나 요양시설에서 임종을 맞는다. 고립되거나 수용된 삶은 내 인생이 아닌 낯선 그 무엇이 될 수밖에 없다. 이런 삶을 노인은 노후에야 살지만, 많은 장애인은 평생을 살고 있다.

노인도 집에서 최대한 오래 살아야 한다. 혼자가 아니라 누군가와 더불어 살아야 한다. 문제는 노인이 내 집에서 나의 삶을 살기 위해선 가족 누군가가 돌보아 줘야 한다는 것이다. 더 큰 문제는 그 '가족'이 그들을 돌볼 여력을 잃어버린 지가 20년도 더 됐다는 것이다. 독거노인의 경우 가족이 없으니 이웃의 동반이 필요한데 그 '이웃'은 더 오래전에 사라졌다. 노인은 가족과 이웃을 필요로 하는데 가족도 이웃도 손을 내밀 수 없는 사회, 그것이 지금의 한국 사회다.

15년 전 노인장기요양보험이 도입되고 요양보호사가 일상생활 장애가 심한 노인들을 집으로 찾아가 수발을 들어주자 수많은 가정이 신기해했다. 노인 돌봄의 숨통이 트인 것이다.

만일 방문이 수발에 그치지 않고 의사가 왕진을 다니면서 병을 다스려주면 어떨까? 간호사가 주기적으로 방문해 간호를 해주면 어떨까? 사회복지사가 찾아가 경제 상태, 가족 갈등 등을 적절히 대처해 주면 어떨까? 아이들이 학교에 가듯이 노인, 장애인들이 주간보호센터에 가서 일상생활 기능을 되살리는 각종 프로그램을 하고 오는 제도를 만들면 어떨까? 돌봄의 두려움은 크게 줄어들 것이다.

노인과 장애인들이 내 집에서 외롭지 않게 충만한 삶을 사면서
가족에게 부담 주지 않는 방법이 없는 것이 아니다. 한두 나라만
이런 제도를 만든 것도 아니다. 우리가 유난히 괴로운 것이다.

양로원 같은 데라도 들어가는 건 어때?

내가 몇십 년 동안 산 게 있는데 갑자기 달라지면 안 좋지...

도와줄 가족이나 이웃은?

자기들 먹고살기만도 힘들텐데 부탁 못하지

그나마 요양보호사분이 가끔 오시니 간신히 산다.

목욕 하신지 오래 되셨죠?

의사, 간호사 같은 분들도 그렇게 와 주시면 좋을텐데

하 그러면야 내 집에서 천수 누릴수도 있겠지.

...정말 되겠는데?

급 깨달음

노인이 외롭지 않게 충만한 삶을 누릴 방법이 없는 것이 아닙니다

같이 방법을 찾아가봐요!

5월,
돌봄의 함정에 빠진 나라

엄마로 딸로 며느리로…
돌봄 노동 80%는 '여성의 몫'

5월은 돌봄의 날들로 가득하다. 어린이날, 어버이날, 스승의 날. 우리는 돌봄을 받으며 자라서 자식과 친구를 보살피다가 돌봄을 받으며 늙어 간다. 어머니가 해주던 달걀찜, 어린 자식의 손을 잡고 갔던 동물원, 보드라운 손주의 뺨, 이런 것들이 너무나 즐거웠기에 돌봄의 날들은 모두 아름다운 봄의 절정, 5월에 있다.

'돌봄'은 크게 네 종류가 있다. 보육 돌봄, 노인 돌봄, 장애인 돌봄, 환자 병구완 등이다. 아이를 키우고 노인을 모시는 일은 거의 모든 가정에서 기본적으로 일어난다. 심한 장애나 긴 병을 앓는 이가 있다면 추가적인 부담이 생긴다.

이 모든 돌봄의 공통 부분에 여성이 있다. 아이를 키울 때는 어머니로, 노인을 모실 때는 딸이나 며느리로 돌보지만, 모두 여성의 다른 이름일 뿐이다. 자식이 심각한 장애인일 때 그 부담은 부모의 삶을 통째 앗아가기도 한다. 이때도 어머니는 특별한 부담을 지는 일이 많다.

돌이켜 보면 우리가 기억하는 '아름다운 전통'의 바탕에는 '여성'의 부담이 있었다. 3중, 4중인 일도 있었다. 그래서 한 시인이 울었다. "어머니는 그래도 되는 줄 알았습니다." 돌봄이 과다할 때 그것은 즐거움이 아니라 고통이 된다. 깨닫고 보면 "아! 어머니는 그래서는 안 되는 것이었습니다."

지금도 상황은 크게 변하지 않았다. 돌봄 노동의 80% 정도는 여전히 여성의 몫이다. 아이들 돌보는 일은 여성에게 자기 성취를 포기하게 해 경력 단절을 가져온다. 일단 아이를 낳으면 안 키울 수 없으니 현명한 선택은 결혼을 하지 않고, 하더라도 출산은 안 하거나 한 명만 낳는 것이다. 이것을 여성의 책임으로 미루면 안 된다.

세상에서 제일 센 줄 알았던 부모는 때가 되면 늙어 간다. 자신도 눈이 어두워지고 어깨가 굳어질 무렵, 부모님은 칠순을 넘기신다. 부모를 모시느냐 마느냐를 두고 부부, 형제 간에 고민을 거듭하다 다툼이 이는 일도 적지 않다. 결국은 노인 시설에 보내놓고

가책으로 밤을 샌다. 한국 사회에서 여성의 행복과 아이·노인의 행복은 '충돌'한다. 이것이 우리의 모든 가정에 끼어 있는 먹구름의 정체다. 그리고 이 상태를 방치하고 있다.

따뜻하고 행복하게 주고받아야 할 돌봄이 불행의 원천이 되는 사회, 우리는 돌봄의 함정에 빠져 버렸다.

사실은 대부분이
여성의 부담이었다

며느리

딸

어머니

그래서 한 시인은
이렇게 울었고

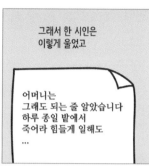

어머니는
그래도 되는 줄 알았습니다
하루 종일 밭에서
죽어라 힘들게 일해도
...

지금도 상황은
크게 변하지 않았기에

우리는 그 시인의 마지막 구절을
더욱 가슴에 담아야 하는 게 아닐까

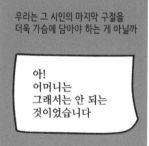

아!
어머니는
그래서는 안 되는
것이었습니다

따뜻하고 행복하게 주고받아야 할
돌봄이 불행의 원천이 되는 사회,

우리는 돌봄의 함정에 빠져 있습니다.

돌봄의 부담을 더 이상
개인이 지지 않도록 해야

5월이 아름다운 봄으로
남을 수 있지 않을까요

17

어린이는 유치원, 노인은 노치원

어린이집·유치원 3만9485개 vs 노인 주·야간 보호 5090곳

"일 년에 단 며칠이라도 바닷바람 맞으며 쉬다 올 수 있으면 얼마나 좋을까?"

누구나 누릴 수 있는 평범한 행복이 치매나 중풍 노인을 모시는 집에서는 너무나 간절하다. 치매가 심하거나 산소호흡기라도 붙인 노인이 있으면 며칠은 고사하고 잠시도 눈을 뗄 수 없다. 그런데 가족이 휴가를 다녀올 수 있도록 노인을 며칠 동안 맡아서 숙식에 돌봄 서비스까지 제공하는 '환상적' 서비스가 우리나라에도 존재한다. 이것을 '단기 보호'라고 한다.

어린이들이 유치원에 가듯이, 노인들도 몇 시간 동안 즐겁게 지낼 수 있는 다양한 프로그램을 제공하는 '노치원'에 다녀올 수 있다면 어떨까? 여기서 노래 부르고 그림 그리고 연극도 해보면서

운동 처방을 받아 적절한 운동도 하고, 물리·작업 치료를 받아 몸과 마음을 건강하게 되돌릴 수 있다면 어떨까? 노인도 좋고 가족은 해방이다.

이런 서비스를 '주간 보호'라고 한다. 노인을 밤에 맡아주기도 하는데, 이것은 '야간 보호'라고 한다. 이 둘을 합치면 '주·야간 보호'가 된다. 주야간 보호와 단기 보호는 노인과 장애인이 시설에 들어가지 않고 자기 집에서 살면서도(탈시설화) 가족은 돌봄 노동에서 벗어나 자기 인생을 살 수 있도록 하는 데(탈가족화) 결정적으로 중요하다. 그래서 우리나라도 노인장기요양보험 수급자로 인정받으면 주야간 보호는 물론 단기 보호도 1회 9일, 연 4회까지 제공할 수 있도록 제도를 마련해 두고 있다.

문제는 이런 서비스들이 제도로는 존재하지만, 막상 내가 필요해서 찾으면 구할 수가 없다는 것이다. 단기 보호 기관은 전국을 통틀어 126곳, 주야간 보호 기관은 5,090곳 있다. 그러니 이렇게 '환상적으로' 좋은 서비스들이 모두 아련한 '환상'일 뿐이다. 충분하지 않은 제도는 제도가 아니다. 주야간 보호 서비스를 전국의 모든 노인이 이용할 수 있도록 하려면 동네마다 5만 개쯤 배치돼 잠시 걷거나 '노란 버스'를 타고 갈 수 있어야 한다. 어린이집과 유치원의 수는 39,485개다.

고령화 준비는 말로 되는 것이 아니다. '자기 집에서 늙어 갈 수 있어야 한다'는 당위는 인프라를 만들어야 현실이 된다. 자기 집에서 오래 살고 싶은 마음이야 누군들 없을까? 그것은 개인의 선택이 아니라 조건이 만들어져야 가능한 일이다.

노인을 며칠동안 맡아서
숙식에 돌봄 서비스를
제공한대

정말?

그리고 '주간/야간 보호'도 있는데
마치 유치원처럼 여러 프로그램을

노래

그림

운동

몇 시간 동안 제공해주는
서비스라고 하네

그정도만으로도
숨통이 확 틔겠다!

노인장기요양보험 수급자로 인정되면
1회 9일, 연4회까지 제공받을수있대

환상적이야!

그런데 정작
쓸 수 없네

예약불가

단기 보호기관
전국 126곳 뿐

5만 개는 있어야
이용할 수 있을텐데

충분하지 않은 제도는
제도가 아닙니다

고령화 준비에는
인프라 구축이
필요합니다

돌봄과미래

넷째 이야기

중풍 노인이
집에서 사는 세상

옛날처럼…
의료진 왕진·돌봄인력 가정방문할 수 있어야

40년 전 30대 초반에 1년간 영국 유학을 갔었다. 자리 잡은 지 얼마 되지도 않아 돌배기 딸아이가 심한 기침을 시작했다. 아직 운전도 못 하던 시절이라 왕진을 청해 보기로 했다. 책으로 공부하기를 영국에선 왕진을 해 준다는 구절이 기억난 것이다. 정말로 의사가 집으로 찾아오더니 걱정할 것 없다는 위로와 함께 처방전을 주고 갔다. 약국에서 약을 받아 보니 필자도 잘 아는 흔한 약이어서 빙긋 웃었지만, 어쨌든 아이는 곧 회복됐다.

필자의 선친은 시골 의사셨다. 옛날 농촌에는 교통수단이 없었기에 걸을 수 없는 환자가 생기면 한밤중에 문을 두드리기 일쑤였다. 자전거를 타고 왕진을 다니다가 60년대 중반에는 오토바이를 사셨다. 시대를 앞서가는 멋쟁이셨던 셈이다. 지금도 옛 친구들을 만나면 "너희 아버지가 집에 오셔서 나를 살렸다"는 얘기를 종종 듣지만, 곤히 잠들었다 깨기 힘들어하시던 아버지의 기억에 가끔 눈물도 난다.

왕진은 어느 사이 사라져갔다. 그러다 2008년 새로운 방문이 출현했다. 일상생활 기능이 떨어진 노인을 요양보호사가 찾아가 수발을 들어주는 서비스가 시작된 것이다. 노인과 가족이 매우 반겼다. 가족의 돌봄 부담을 덜어주는 요긴한 제도였다.

만일 왕진이 되살아나서 방문 요양과 동시에 서비스를 받을 수 있으면 어떨까? 중풍에 걸린 노인이라도 가정에서 진료와 수발을 받을 수 있다면 집에 오래 머물 수 있다. 사회복지사가 주기적으로 방문해 소득 문제, 가족 갈등을 풀어준다면 가족 부담이 덜어지고 '세 모녀 사건' 같은 불행도 막을 수 있다.

간호사가 주기적으로 찾아 주고 작업·물리 치료사도 방문해 사라진 신체 기능을 되살려 주면 어떨까? 약사가 집으로 찾아가 약품을 정리하고 한의사가 집에서 침을 놓아주면 어떨까? 치과의사도 요즘은 가방 크기의 도구를 들고 가면 스케일링을 해줄 수 있다.

의료와 요양 서비스를 연계해 제공하는 것은 꼭 필요하다. 많은 노인과 장애인은 의료와 사회 서비스를 동시에 필요로 한다. 걷기가 불편하고 부엌일 하기 힘들어진 노인치고 병이 없는 이가 있을 리 없다. 가정 방문을 통해 다양한 서비스가 통합적으로 제공된다면 노인을 집에서 편히 모시는 일은 불가능한 꿈이 아니다. "장병에 효자 없다"는 속담을 옛말로 만들어 보자.

그래도 2008년에 새로운
방문 요양 서비스가 시작됐잖아

일상생활 기능이 떨어진
노인분들을 찾아가

요양보호사

간단한 요양 서비스 등
수발을 들어드려요

이 정도로도
가족의 부담은
크게 줄어들지!

아예 왕진이 되살아나서
방문 요양과 동시에 의료 관련
서비스를 받을 수 있으면 어떨까?

물리치료사나 한의사 뿐만 아니라
치과의사도 방문 진료가 가능하니까

가방 두 개 정도의 도구면
스케일링도 가능!

그렇다면 중풍에 걸리거나 하더라도
집에 오래 머물 수 있지 않을까?

역시 집이
최고지?

가정 방문을 통해 다양한 서비스가
통합적으로 제공된다면

노인을 집에서 편히 모시는 일은
불가능한 꿈이 아닙니다

돌봄과 미래

죽음으로 가는 길도 편안할 수 있다

존엄한 죽음 돕는
완화의료·호스피스 확대 필요

죽음은 피해갈 수 없다. 죽음에 대한 공포는 가장 원초적이다. 더구나 죽음으로 가는 길은 순탄치가 않다. 암처럼 극심한 통증을 견디다 죽기도 하고, 중풍처럼 움직이지 못하면서 멀쩡한 정신으로 살아야 하는 고통도 겪는다. 치매처럼 자아를 잃고 딴사람이 되어버리는 일도 늘어나고 있다. 그래서 강녕하게 천수를 누리다 자는 듯 돌아가시는 어른은 부러움을 산다.

생과 사에 대해 원숙한 태도를 가질수록 죽음에 대한 공포는 줄어든다. 종교도 크게 기여한다. 개인적 성숙도가 중요하지만, 그것이 전부는 아니다.

사회적 지지 체계가 잘돼 있을수록 죽음으로 가는 길은 편안해진다. 완화의료와 호스피스는 이런 목적의 대표적 프로그램이다. 죽음을 자연스러운 과정으로 받아들이도록 지원해준다. 익숙한 환경에서 가족, 친지들과 함께 죽음을 맞이할 수 있도록 해 준다.

그런데 한국에서는 암, 에이즈, 만성 폐쇄성 호흡기질환, 만성 간경화 등으로 이를 국한해 다른 질병으로 죽어가는 환자들은 나라의 혜택을 받을 수 없다. 호스피스 제공 기관은 통틀어 181곳밖에 되지 않는다. 결국, 만성질환으로 돌아가시는 분의 10% 정도가 겨우 이용하고 있다.

한국은 여전히 통증 관리가 부족하다. 마약성 진통제 사용에 소극적인 제도와 관행이 있다. 적어도 통증은 없이 죽을 수 있도록 하는 것이 존엄한 죽음의 첫걸음 아니겠는가? 중풍이나 치매 같은 유형의 질병에는 다양한 방문 서비스와 주야간 보호 서비스를 적극적으로 제공하는 것이 매우 중요하다.

다른 한편, 연명의료를 줄이는 과제가 있다. 연명의료는 치료 효과는 없으면서 임종 시간만 연장하는 무의미한 의료를 뜻한다. 2018년 이후 본인 또는 가족의 선택으로 연명의료를 포기할 수 있게 됐다. 누구나 건강보험공단 지사 등에서 사전연명의료의향서를 작성하면 된다. 이렇게 포기 선언을 한 분들이 지금까지 191만 명에 달하고 28만 명이 실제 이행했다. 그런데 연명의료 중단을 실시할 수 있도록 승인받은 의료기관 수는 1,808개에 불과하다.

죽음으로 가는 길은 고통스러운 것으로 누구나 생각한다. 하지만 죽음을 더욱 편안하고 품위 있는 것으로 만들어 주는 사회적 장치들이 많이 있다. 한국도 이런 제도를 대폭 확대해야 할 때가 됐다. 올해 돌아가실 분의 수는 34만 명이고 2040년에는 53만 명이 된다.

완화의료나 호스피스 같은 데선
최소한 통증은 덜어주고

익숙한 환경에서 가족들과
마지막을 보낼 수 있게 해 준다며?

한국에선 암이나 만성 간경화 등
몇 가지 질환에만 국한시켜서

10%

돌아가시는 분들 중 고작
10%밖엔 이용 못 하고 있대

아니 병원들도 많은데 왜
그렇게 제한을 건대?

자리가 없는 것도
아닐 텐데?

많은 곳에서 할 수 없이
고통만 길게 늘리고 있는 거야.

가족들과 의료진이
연명의료를 중단하고 싶어도

저희 병원으로선
호흡기를 뗄 권한이
없어요...

중단을 할 수 있도록 승인받은
의료기관이 1808개뿐이기 때문이지

올해에 돌아가실 분은 34만 명이고
2040년엔 53만 명이 됩니다.

죽음으로 가는 길의 고통을
덜어줄 수 있는 사회적 장치들을
대폭 확대해야 할 때가 아닐까요?

돌봄과 미래

지역사회 돌봄과
시설 돌봄의 관계

여섯째
이야기

지역사회 돌봄 체계 변화하려면
시설 돌봄 개혁이 필수

지역사회 돌봄은 노인과 장애인이 최대한 집에서 오래 머물도록 하는 게 목표이다 보니 흔히 시설 돌봄과는 반대되는 것으로 생각한다. 지난 정부 시절 발달장애인 탈시설화 추진 과정에서 일부 시설과 부모들의 반대로 의견 대립 양상을 보이기도 했다. 지역사회 돌봄과 시설 돌봄은 정말 대척점에 있는 것일까?

지역사회 돌봄이 시설 돌봄을 줄이려는 경향을 갖는 것은 분명하다. 탈시설화는 시설과 병원에 있는 사람들을 지역사회로 복귀시킨다는 의미도 있지만, 가정에 있는 이들의 입소·입원을 예방한다는 의미도 있다. 그러나 아무리 '사는 곳에서 나이 들기(ageing in place)'를 추구한다 해도 노인이 되면 시설이나 병원에 가야 할 경우가 반드시 생긴다.

요양시설과 요양병원이 노인의 저하된 기능을 복구시켜 지역사회로 되돌려 보내는 기능을 한다면 지역사회 돌봄과 시설 돌봄은 상호 보완적 관계가 된다. 지역사회에 머물다 악화되면 시설로 들어가고, 시설에서 회복되면 지역사회로 복귀하는 순환 고리가 성립한다. 이를 '순환적 돌봄'이라 한다. 이런 순환이 이뤄지면 시설이나 병원의 '부적절 입소·입원'은 사라지고 꼭 필요한 이들만 남아 있을 수 있다.

문제는 한 번 들어가면 못 나오는 경우가 많다는 점이다. 요양시설·병원의 역할은 '기능의 회복과 지역사회 복귀'가 되어야지, '죽을 때까지 맡아 주는' 것이 돼서는 안 된다.

이들이 노인의 기능을 회복시켜주는 치료·운동 등 프로그램을 적극적으로 시행해 주는 역할 혁신과 인력 보강이 필요하고 이를 국가가 지원해야 한다. 현실적으로 탈시설화를 적극 추진한다 하더라도 시설과 병원에 있는 노인의 수가 줄어들 것 같지는 않다. 현재 노인의 수가 급격히 늘어나는 고령화의 진전 국면에 있기 때문이다.

한편 시설과 병원이 노인과 장애인을 퇴소·퇴원시킬 수 있으려면 지역사회 돌봄을 발전시켜야 가능하다. 되돌려 보낼 곳이 없는 퇴소·퇴원은 쫓아내는 것밖에 되지 않기 때문이다.

결국 지역사회 돌봄 체계의 구축에는 시설 돌봄의 역할 변경과 질적인 개혁이 필요하다. 두 정책은 반드시 쌍을 이루어 추진돼야 한다.

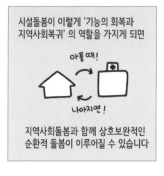

시설돌봄이 이렇게 '기능의 회복과 지역사회복귀'의 역할을 가지게 되면

지역사회돌봄과 함께 상호보완적인 순환적 돌봄이 이루어질 수 있습니다

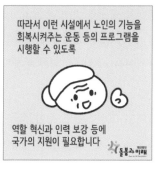

따라서 이런 시설에서 노인의 기능을 회복시켜주는 운동 등의 프로그램을 시행할 수 있도록

역할 혁신과 인력 보강 등에 국가의 지원이 필요합니다

시급한
지역사회 장애인 돌봄

갇혀 사는 장애인·가족…
돌봄으로 삶의 질 획기적 개선

장애인 아들을 '업어서 대학 졸업시킨 어머니' 이야기는 감동적이다. 그러나 이것은 미담이 아니다. '지극한 모성애'의 사례라기보다 '가족에게 책임을 미뤄버린' 장애인 복지의 비극적 현실 폭로다. "해외여행 얘기를 하지만 우리는 안 바란다. 동네 밖이라도 나가 보면 소원이 없겠다"는 부모의 눈물이 훨씬 현실적이다.

장애는 노화보다 발생 시점이 빠르다. 장애는 늙음보다 긴 고통을 줄 수 있다. 장애는 종류가 여럿이고 양상도 다양하다. 그래서 장애인 서비스는 설계가 복잡하다.

장애인 대책이라면 흔히 소득·고용·건강·이동수단 등을 꼽지만, 사실은 지역사회 돌봄이 가장 바탕에 깔려야 한다. 2021년 말 기준 장애인 총수는 265만 명이고 돌봄이 필요한 '심한(옛말로 중증)'

장애인만 해도 98만 명이다. 이들은 병원에 가기 어려워 감기·설사가 큰 병으로 악화하기도 하고, 활동 보조가 없으면 방안에 갇혀 살기 십상이다.

재가 진료, 가정 간호, 사회 복지, 요양 서비스 등 적절한 방문 서비스와 주야간 보호를 양대 축으로 하는 지역사회 돌봄이 제공되면 장애인과 가족들의 삶은 획기적으로 바뀔 수 있다. 같은 시점에 장기요양 등급을 받은 노인의 수가 105만 명이었음을 생각하면 노인과 장애인의 지역사회 돌봄 수요는 거의 비슷한 규모로 짐작할 수 있겠다.

장애인들의 삶에서 '집'이 갖는 중요성이 너무 경시되고 있다. 가장 어려운 처지라 할 수 있는 시설 장애인의 수는 28,565명(2021년)이다. 이들의 80.7%는 발달(지적·자폐)장애, 13.4%는 뇌병변·지체 장애인이다. 이들은 어려서부터 장애인이 된 경우가 많아 "내 집에서 혼자 살아 보고 싶다"는 안타까운 '평생소원'을 갖고 산다. 이들이 혼자서도 살 수 있는 '복지 주택'의 필요성은 절실하다.

그렇지만 절대다수의 심한 장애인은 가족과 함께 산다. 재가 장애인을 위한 '주택 개조' 사업이 시급하다. 지체·뇌병변 장애인을 위해 문턱을 없애거나 문을 넓혀 주고 앉아서도 쓸 수 있는 높이의 세면·개수대를 만들어 준다면 이들의 삶은 어떻게 변할까? 교통 등 외부 공간의 이동성뿐 아니라 실내 공간의 이동성 또한 같이 만들어져야 한다. 지역사회 돌봄은 서비스의 변화뿐 아니라 공간의 변화를 동시에 필요로 한다.

돌봄이 필요한 중증 장애인의 수는
2021년 말 기준 98만명으로

장기요양 등급 노인 수
(105만 명)과 비슷하네

노인의 경우처럼 적절한 방문서비스와
주야간보호 등이 제공되면

중증 장애인과 가족들의 삶도
획기적으로 변할 수 있다.

또한 장애인들의 삶에서 '집'이 가지는
중요성이 경시되고 있는데

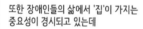

가장 오랜 시간
생활하는 곳!

문턱이 없어 걸리지 않고
휠체어가 드나들 수 있는 넓은 문과

앉아서도 쓸 수 있는 높이의
세면대가 있으면 얼마나 좋을까...

교통 등 외부 공간의 이동성만큼
실내 공간의 이동성 또한 중요한데...

장애는 노화보다 발생 시점이 빠른 만큼
더욱 긴 고통을 줄 수 있기에

대책 마련이 시급합니다

LH가
주거 복지 주역 되려면

새마을 운동처럼,
노인 주택 개량사업 펼쳐 보자

"내 집에서 한번 살아 보는 것이 평생소원이었어요." "소파에 누워서 내 맘대로 텔레비전을 보는 것이 너무 좋아요."

장애인 시설에서 일생을 보내다 새로 마련된 지원 주택에 들어가게 된 장애인들의 말이다. 보통 사람들에겐 너무나 당연한 일이 어떤 이들에게는 이룰 수 없는 소망이 된다.

노인들이 '살던 곳에서 늙을 수 있어야 한다(ageing in place)'는 말이 큰 공감을 얻고 있다. 하지만 이렇게 하려면 그럴만한 '곳(place)'이 있어야 한다.

집 없는 노인과 장애인들에게 작지만 살만한 집이 필요함은 두말할 필요가 없다. 그렇다면 집이 있는 이들은 아무 문제 없을까?

한국의 노인과 장애인들이 사는 집은 안전하고 편안한가? 미끄러운 화장실에서 머리, 팔다리, 허리를 다친 사람은 한둘이 아니다. 미끄럽지 않게 바닥을 고치고 변기 옆에 지지대를 붙여 주자. 문지방은 없애고 벽에 난간을 붙이면 이것을 잡고 부엌, 화장실에 혼자 다닐 수 있다. 휠체어나 보행기에 의지하는 이들에게는 문을 넓혀 주자. 이러면 집이 편하고 안전해지고 가족의 돌봄 부담도 줄어든다.

더 나아가 노인, 장애인을 위한 '지원주택(supportive housing)'을 대량으로 지어야 한다. 노인이나 장애인 1~2인 가구를 위한 장기 임대 주택을 짓고 거기에 '주거 지원' 기능을 붙이는 것이다. 지원 기능은 다양하지만, 세끼 밥을 해주는 공동 식당, 낮에 모여 대화를 나누고 프로그램도 할 수 있는 공동 거실 등을 갖춘다. 여기에 '주거 지원실'이 집 관리는 물론, 급식 세탁 청소 등도 맡아주고 주야간 당직이 있어 긴급 상황 시 병원으로 이송한다. 심리·정서 지원, 다양한 생활 기능 보조 등도 필요에 따라 제공된다.

이러면 고급 '실버타운'이 연상되겠지만 서구에서는 중산층에게 이런 주택을 대중적으로 보급하고 있다. 일본도 적극적이다. 노인 인구의 2~10%에게 이미 지어 공급하고 있으니 한국으로 환산하면 20만~100만 호가 된다.

새마을 운동 때 했던 지붕 부엌 변소 개량사업의 역사를 이제 노인 주택 개량사업으로 되살려 보자. 갖가지 구설에 올라 있는 토지주택공사가 고령화 시대 주거 복지의 주역으로 다시 태어나면 어떨까?

우리 집 화장실은 문지방이 너무 높아서 곧 못들어갈 지경

어쿠

옛날 집들 특징: 몸 불편해지면 아예 못들어감

다들 그래도 집들은 있구먼?

어이쿠

문제가 점점 심각해지는디

몸이 불편한 노인이나 장애인을 위한 지원주택이 있음것어

- 장기 임대주택
- 공동 식당 등의 커뮤니티
- 관리, 급식, 세탁 등 주거 지원 제공

그게 되것나?

일본 같은 경우는 노인인구의 2~10%를 이미 지어 공급한다던디?

한국으로 환산하면 웜메 20~100만 호네

※서구에서도 중산층에게 대중적으로 보급 중

일단 있는 집들 고쳐주는것부터라도 해 주면 좋것네

문지방 없애고

난간 달고

그러게

새마을 운동 때 했던 지붕, 부엌, 변소 개량사업처럼

노인주택 개량사업도 충분히 할 수 있습니다

돌봄과 미래

내 몸의 일부가 되는
보조기기

질 좋은 보조기기 국산화 서둘러야

몇 년 전 지역사회 돌봄 시찰을 위해 덴마크 코펜하겐을 방문했을 때 지팡이부터 침대까지 노인과 장애인을 위한 온갖 보조기기를 수없이 전시해 놓은 어느 커다란 건물에 갈 기회가 있었다. 건물은 보조기기를 다양하게 체험해 보고 가장 적합한 것들을 골라 장기 대여를 받는 곳이었다. 이 과정에 작업·물리 치료사의 전문적 도움을 받는다. 이런 기관을 '보조기기 센터(Assistive Technology Center)'라고 한다.

노인과 장애인들이 집에서 지낼 수 있도록 하기 위해선 각종 보조기기가 많이 필요하다. 예를 들어 중풍으로 반신불수된 노인을 집에서 모시려면 침대부터 전동 침대로 바꾸고 욕창 방지 매트리스도 깔아야 한다. 보행이 조금 가능해지면 보행 보조기, 휠체어도 필요해진다. 더불어 안전 손잡이를 벽에도 붙이고 화장실에

미끄럼 방지 공사를 하는 주택 개조도 같이 들어가야 한다.

기능이 저하돼있는 이들에게 보조기기는 신체의 한 부분이 돼 상실된 기능을 되살려 주는 중요한 의미가 있다. 그러니 보조기기는 장애의 종류, 중증도, 체형 등에 따라 최적의 선택을 해야 한다.

그런데 한국에서는 이것이 쉽지 않다. 노인·장애인들이 국가로부터 보장받는 보조기기의 종류도 한계가 많고 취득 과정도 판매업소에서 많은 제약이 따른다. 보조기기를 생산하는 산업도 충분히 발전해 있지 못하다. 아주 기본적인 물품 외에는 자비를 들여야 하고 고급 제품은 외국산을 사야 한다. 그렇지 않아도 소득이 적고 장애 때문에 가외로 써야 할 일이 많은 장애인의 고충이 이만저만 아니다.

문제는 아직도 보조기기의 중요성을 정책 당국에서 충분히 이해하고 있지 못하다는 점이다. 보조기기의 생산은 고령 친화 산업의 중요한 영역이다. 고령화에 대비해 질 좋은 보조기기의 국산화 정책 추진을 더 지체해서는 안 되겠다. 보조기기는 유통 구조도 아주 취약하다. 우리나라도 법에 따라 국립재활원을 중심으로 각 시도가 '보조기기 센터'를 설치하고 있으나 아직은 아는 사람

조차 드물다. 보조기기를 구하려면 판매상들이 주는 제한된 정보에 의존할 수밖에 없다.

고령사회의 준비는 말로만 되는 것이 아니다. 복지주택, 보조기기, 노인·장애인에게도 안전한 도로 환경 등 물리적인 조건을 준비하는 일이 절실히 필요하다.

그럴리가 있나. 찾아보면 이렇게 많이 있는데!

외국이나 비싼 매장에만...

거짓말은 아니었군

(여기에는) 이거 뿐이에요...

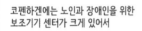

코펜하겐에는 노인과 장애인을 위한 보조기기 센터가 크게 있어서

장기로 대여해 줄 뿐만 아니라

물리치료사의 전문적 도움을 받아 다양하게 체험해 보고 적합한 것을 고를 수 있다는데

딴세상 이구먼

나같이 불편한 사람들한테 보조기기는 물건이 아니라

몸의 일부나 다름없는데 말여...

고령사회의 준비는 말로만 되는 것이 아닙니다

물리적인 조건이 반드시 준비되어야 합니다

45

'신세대 노인'과 돌봄의 정치·경제

386세대 노인이 온다…
돌봄 패러다임 바꿀 때

지금까지의 노인이 1950년대생까지였다면 이제부터의 노인은 '386세대'다. 이들을 70년대생들이 뒤따라간다. 이 새로운 노인 집단은 지금까지의 노인과는 크게 다르다. 첫째, 최대 인구 집단인 60~70년대생의 고령화는 노인의 수를 획기적으로 증가시킨다. 둘째, 산업화 이후 경제활동을 한 이들은 상당한 구매력이 갖고 있다. 의료, 복지, 금융, 문화, 패션, 관광, 여가, 스포츠 등 다양한 분야에서 '큰 손'으로 경제를 좌우할 것이다. 셋째, 민주화 과정을 겪어온 이들은 정치적 훈련이 돼 있다. 21세기 중반은 강력한 노인 정치의 시대가 될 것이 분명하다.

어려서는 교실난과 입시난, 청장년기에는 취업난과 주택난, 한국 사회에 연이어 돌풍을 일으켜온 이 세대가 마지막으로 일으킬 파장이 바로 고령화다. 수도 많고 힘도 강한 '신세대 노인'들이 복지

경제 정치의 각 영역에서 일으킬 변화에 대비하는 것은 매우 중요하다.

지역사회 돌봄은 신세대 노인들에 대한 정치적, 정책적 대응이기도 하다. 중상층의 삶에 익숙하고 자기주장이 분명한 이들이 '시설 수용'을 순수히 '수용'할 수 있을까? 이제부터의 노인은 이미 '파고다 공원'의 노인이 아니다. 그들은 자신의 집에서 온전히 자기 인생을 살다가 가고 싶어 한다. 2012년 대선에서 "기초연금 20만 원" 공약이 일으킨 파장을 기억해야 한다.

지역사회 돌봄은 노인, 장애인, 환자들이 집에서 살도록 유도한다. 그래서 돌봄을 담당해줄 인프라와 노동자가 많이 필요하다. 수십만의 방문 인력과 수만 개의 주간보호센터가 늘어나야 한다. 주택 개조와 지원 주택도 수백만 호 필요하다. 이것은 비용이기도 하지만, 일자리 확대 수단이기도 하다.

저하된 기능을 보완하는 각종 보조기기도 많이 필요하다. 의료진이 집에 있는 환자를 모니터링하려면 웨어러블 의료기기를 써야한다. 노인과 장애인이 사는 집이나 요양시설, 잠을 자는 침대까지도 이미 스마트화하고 있다. 이것을 비용으로 인식하든 새로운 산업의 기회로 받아들이든 파장은 만만치 않다.

전국민돌봄보장 시스템의 구축은 복지 체계 구성과 돌봄 산업 발전이 역동적으로 얽히며 진행되는 경제와 복지의 순환 과정이 될 것이다.

60-70년대생은 최대의 인구집단이어서
사회에 늘 큰 파장을 가져왔는데

사람이 갑자기
많아지니까...

교실난   입시난   취업난   주택난

고령화도 마찬가지로
큰 파장을 일으킬 것이다

단적으로 예를 들자면
이 새로운 노인층이 과연...

이전 세대 노인들처럼 시설 수용이나
파고다 공원으로의 격리를 받아들일까?

왜 내 집에서 못 살고
갈 곳 없는 신세가 돼야 해?

지역사회돌봄은 이 신세대 노인들에 대한
정치적, 정책적 대응이기도 하면서

집에서 삶을
누릴 수 있도록

욕실손잡이

정책과 인프라를
준비하고 구축

수십만의 방문 인력과 수만개의 센터를
구축하는 것은 막대한 비용이지만 동시에
일자리 확대와 새로운 산업의 기회이기도 하다

돌봄 서비스,
지원 인력 등

웨어러블
의료기기 등

전국민 돌봄보장 체계의 구축은
체계의 구성과 산업의 발전이
역동적으로 얽히며 진행되는

경제와 복지의 순환 과정이
될 수 있습니다

돌봄과 미래

'그림자 노동'은
그림자가 아니다

엄마·아내들 가사 노동 가치 무려 490조…
다시 생각할 때

어려서 받은 어머니의 사랑은 누구나 잊을 수가 없다. "진자리 마른자리 갈아 뉘시며 손발이 다 닳도록" 고생하셨다. 필자처럼 다리가 불편해서 종종 다치는 사람은 아내의 병구완에 자주 의지한다. 한두 달은 온갖 시중을 다 들어줘야 한다. 어머니나 아내의 사랑은 이처럼 무한하고 따뜻하면서 대가를 바라지도 않는다. 그저 너무 감사할 뿐이다. 그래서 국내총생산(GDP) 같은 '냉정한' 지표의 계산에는 들어가지 않는다.

전통적으로 남자의 경제활동을 생산 노동이라고 한다. 반면 여성의 가사 노동은 재생산 노동이라고 한다. 생산 노동자들은 가사 노동자들 덕분에 먹고 쉬고 자면서 노동 능력을 재생산한다. 아이를 낳고 키워서 인구를 재생산하기도 한다. 생각해 보면 인간이 살아가기 위해 가장 기본적이고 필수적인 재생산 노동이 '무

급'이라는 이유로 경제적 가치를 인정받지 못하고 '그림자 노동'
이 됐다.

만일 가사 노동을 돈으로 환산하면 어느 정도의 가치가 있을까?
통계청의 2019년 조사에 의하면 무급 가사 노동은 490.9조 원어
치이고 GDP의 25.5% 규모다. 어마어마하다. 66.6%는 요리, 세탁
등 가정 관리이고 22.1%는 가족 돌보기다. 가사 노동의 27.5%만
남성이 담당하고 72.5%는 여성 몫이다. 재생산 노동은 지금도 여
성의 일이다.

그런데 1인당 연간 무급 가사 노동의 가치는 949만 원에 불과하
다. 월 79만 원꼴이다. 이것은 무급 가사 노동의 가치를 계산할
때 유급 가사 노동의 가치를 반영하기 때문이다. 직장에서 수백
만 원 받는 사람이라도 집에서 하는 일의 가치는 '파출부'와 같다
는 것이다.

유급 가사 노동자의 임금은 왜 이렇게 낮게 설정돼 있을까? 흔히
가사 노동은 누구나 할 수 있는 저숙련 노동이기 때문이라고 생
각한다. 그러나 혹시? 어머니와 아내가 아무 대가도 받지 않고,
즉 '공짜로' 해주던 일이라는 생각은 없는 것인가? 또는 예전에는
하인들이 했고 근대에는 '식모'들이 하던 하층 노동이라는 선입

견이 깔린 것은 아닌가? 재생산 노동을 낮추어 보는 생산 노동자의 인식은 역사적 뿌리가 깊다.

정말 돌봄과 가사 노동이 이렇게 무가치한 것인지 다시 새겨봐야 할 시점이다. '그림자 노동'이 그림자의 처지를 벗어나기 위한 길이 멀다.

돈을 버는 '생산'노동이 아닌
'재생산' 노동에 불과하잖아.

아니 잠깐,

GDP

먹을 밥 없고 입을 옷 없고
가족 돌볼 사람 없다면
'생산'활동이 가능하겠어요?

가사노동, 돌봄노동이
없으면 모든 경제활동이
불가능하다고요.

그래서 경제활동을 하기 위해
밥 사먹고 세탁 맡기면 돈이 드는데
그걸 직접 하면 가치가 '0'이라고?

요즘 것들은...
어쩔 수 없군.

그렇게 추산한 수치조차
월 79만원 정도로 몹시 낮은 형편인데,

누구나 할 수 있는
저숙련 노동이잖아?

年 949만
月 79만

그러나 혹시? 이전에는 주부들이 '공짜로'
해주던 일이란 생각이 깔려 있는 것은 아닌가?

또는 예전에는 하인, 식모가 하던
하층 노동이라는 선입견은?

재생산노동자를 낮추어 보는 생산노동자의
인식은 역사적인 뿌리가 깊다

돌봄과 가사 등의 노동을 무가치하게
취급할 수 있는 시대는 이미 지났다.

'그림자 노동'의 가치를
다시 매겨야 할 시점이다

돌봄과 미래

고령 비중이 53%인 장애인

노인 일반에 초점 맞춘 정책,
장애 노인은 서럽다

전체 등록 장애인 중 노인의 비중은 놀랍게도 절반을 넘는다. 2022년 전체 인구에서 노인의 비율이 17.7%인데 비해, 장애인은 무려 52.8%다. 노인이고 동시에 장애인인 '고령 장애인'의 수는 140만 명이다.

장애는 유형에 따라 수명에 차이가 있다. 한국에서 장애인은 비장애인보다 16년 정도 수명이 짧다는 보고가 있지만, 지적 장애인은 특히 조기 노화가 심해서 40대를 넘기기 어렵다. 자폐성 장애나 정신 장애도 노인 연령층에 도달하기 쉽지 않다. 그래도 이제 상당수의 장애인이 살아서 노인이 된다.

반면 감각 장애는 노인이 된 후 비약적으로 늘어난다. 청각 장애는 노인층이 80%에 달한다. 시각 장애도 노인에서 많이 늘어나

지만, 백내장과 망막질환 치료로 대다수의 실명이 예방된 나머지다. '공양미 3백 석에 눈을 뜬 심학규'가 족히 수십만 명은 넘어설 것이다. 노후에 신규 장애인이 되는 세 번째 이유는 뇌졸중, 파킨슨병 등으로 인한 지체 장애, 뇌병변 장애 등이다.

고령 장애인은 그래서, 젊어서부터 장애인이었다가 '노인이 된 장애인'과 노인이 된 후 새로 '장애인이 된 노인'으로 구분된다. 두 집단은 유사하지만, 문화·사회적으로 큰 차이가 있다. 젊어서 청각 장애인이 되면 수화를 배우지만, 노후에 청력을 잃으면 배우지 않는다.

노인이 된 장애인은 '장애 정체성'이 강하지만, 장애인이 된 노인은 그런 의식이 별로 없다. 젊어서부터 심한 장애를 갖고 있다가 늙은이들은 경제적으로 더 어렵고 건강 상태도 더 나쁜 경우가 많다.

공통점은 이들이 모두 장애와 노화의 '이중 부담'을 지고 살아야 한다는 것이다. 기능 저하의 정도가 심해서 독립생활이 유난히 어려운데, 인간관계와 경제력의 지지 기반은 빠르게 고갈돼 간다.

또 하나의 공통점은 이들이 모두 국가의 손길에서 벗어나 있다는 것이다. 장애인 정책은 어리거나 젊은 장애인을 대상으로 꾸며져 있고 나이 든 장애인은 노인 정책으로 미루어 버린다. 그런데 노인 정책은 노인 일반을 대상으로 하지 장애 노인에 주목하지 않는다. 장애인 정책과 노인 정책은 고령 장애인에서 서로 충돌하기 일쑤다. 결국, 사회의 보호를 가장 필요로 하는 이들이 정책에서는 가장 비켜나 있다. 보기 딱한 '텍사스 히트(야구에서 공이 내·외야수 사이에 떨어져 양쪽 다 잡지 못한 안타)'다.

고령 장애인은 크게 두 부류가 있다

젊어서부터 장애가 있었고 노인이 됨

노인이 된 후 장애가 생김

이 두 집단은 큰 차이가 있는데, 젊었을 때 청력을 잃으면 수화를 배우지만

나는 장애를 가졌으니까

수화

노후에 청력을 잃으면 거의 대부분이 배우지 않듯 '장애 정체성'에 차이가 생긴다

나는 노인이지 장애가 있는 게 아니야

수화

들리진 않지만...

공통점은 이들 모두 장애와 노화의 이중부담을 진다는 것과

기능 저하로 생활은 점점 어려워지는데

경제력 등의 기반은 빠르게 고갈되고

국가 정책의 사각지대에 놓여있다는 것이다

장애인 정책은 젊은 장애인 위주!

노인 정책은 비장애 노인 위주!

장애인 정책과 노인정책은 고령장애인에서 서로 충돌하기 일쑤다

정책

사회의 보호를 가장 필요로 하는 분들에게 정책이 가장 멀리 있는 것이다

돌봄과 미래

돌봄은
산업의 어머니

돌봄 장비 스마트화…
4차 산업혁명 기폭제

내시경이 최초로 만들어진 것은 1860년대 일이다. 처음에는 쇠 막대기 같은 대롱을 식도로 밀어 넣고 석유등으로 불을 비추며 들여다봤다. 환자의 고통도 심하고 자세히 보기도 어려웠다. 그러나 인체 내부를 들여다보고 싶다는 강렬한 의학적 욕망이 렌즈, 카메라, 조명 장치 등의 발전을 응용해 가면서 내시경을 발전시켜 갔다. 광섬유의 발전은 부드럽게 휘어지는 내시경을 만드는 데 결정적 돌파구를 마련했다.

100년이 지난 1960년대부터 실용화가 가능해지고 다양한 내시경이 폭발적으로 발전해 나갔다. 이제 세계 내시경 산업 규모는 약 1조 원으로 추계된다. 의료의 '필요'가 '발명'의 어머니가 되고 이어서 거대한 산업을 발전시킨 것이다.

지역사회 돌봄을 확대하면 의사, 간호사, 사회복지사, 요양보호사들의 방문이 늘어난다. 그러면 방문 현장에 있는 간호사와 진료실에 있는 의사 사이에 자연스럽게 원격 의료가 늘어날 것이다. 의사와 환자 사이의 '직거래' 원격 의료는 위험 부담이 크지만, 간호사가 가정방문을 하고 있으면 충분히 안전해진다. 집에 있는 환자를 모니터링할 필요성 때문에 다양한 웨어러블 기기가 사용될 것이다.

서구에서는 이미 집에 있는 노인·장애인용 침대 등이 스마트화되고 있다. 침대에서 자는 노인이 일정 시간 뒤척이지 않으면 경보가 울려 직원이 찾아오는 식이다. 노인과 장애인을 집에서 돌보려는 '필요'가 산업의 발전을 '파생'시키는 것이다.

2000년대 초반 의료계에서 원격 의료(tele-medicine)를 발전시켜야한다는 것은 상식이었다. 그러다 경제 부처가 원격 의료, 의료 관광 등을 '의료 산업화'로 주장하고 나오자 의료계가 크게 경계심을 갖게 되고 시민들도 '의료 영리화'로 반대하게 됐다. 결국 20년째 의료 산업화는 제자리걸음을 하고 있다. 긁어 부스럼을 만들어 버린 셈이다.

경제 부처가 할 일은 의료 산업을 발전시켜야 한다고 조르는 것이 아니라, 방문 보건복지 인력을 대대적으로 확충하는 것이다. 그러면 자연스럽게 보조기기, 의료기기, 의료정보 등 산업이 '파생'된다.

대규모 돌봄은 4차 산업혁명의 기폭제가 될 것이다. 복지는 하고 싶지 않고 산업만 키우겠다는 기울어진 사고와 조급함이 일을 그르친다. 모든 일에는 전략과 수순이 중요하다.

렌즈, 카메라, 광섬유 등의 발전을
응용해 가며 현재의 내시경이 되었다.

얇고 휘어지고
밝게 보이고!

필요가 발명을 이끌어내 세계적으로
거대한 규모의 산업을 발전시킨 것이다

현재 원격 의료에 관해서는
우려의 목소리가 많은데,

의료가 제대로
진행되기 어렵고

돈벌이 수단으로
변질되기 쉽고

그외 여러
위험부담

지역사회돌봄을 확대하면 의료진의
현장 방문이 늘어나기 때문에

측정완료되면
그 다음은...

전문가의 동반으로 충분히 안전하게
원격의료를 진행할 수 있을 것이다.

그렇게 되면 관련 기기와 서비스의
수요가 생기게 되고

원격으로 건강상태를
모니터링하는 기기!

잠든 노인이 일정시간 이상
뒤척이지 않으면 직원이 출동하는
스마트 침대와 관련 서비스!

결과적으로 노인과 장애인을
집에서 돌보고자 하는 필요가
산업의 발전을 파생시키게 되는 것이다

왠지 요즘
활기가 넘치네!

경제부처가 할 일은 원격의료를 해야 한다고
조르기만 하는 것이 아니라
방문보건복지 인력을 확충하는 것이고,

그러면 자연스럽게 산업이 파생될 것이다.
모든 일에는 전략과 수순이 중요하다.

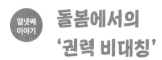

돌봄에서의
'권력 비대칭'

몸·마음 취약한 피돌봄자…
보호하고 능력 키워줘야

시장이 합리적 기제라는 생각의 바탕에는 경제 주체들이 충분한 정보를 갖고 합리적으로 판단한다는 전제가 깔려있다. 옷가게에서는 누구나 품질, 가격, 그리고 자신의 취향을 충분히 알고 구매한다. 저녁거리를 사러 저자에 갔을 때도 마찬가지다. 이럴 때 소비자는 '주권'을 행사하는 '왕'이다.

그러나 경제학자들은 이 전제가 실패하는 경우를 많이 알고 있다. 흔히 꼽는 것이 보험 시장이다. 수많은 보험 상품을 다 비교해 볼 수는 없다. 주식 시장도 '정보의 비대칭'이 문제 되는 한 곳이다.

의료 시장도 그중 하나로 꼽힌다. 환자는 자신의 병이 무엇인지, 무슨 치료를 받아야 할지 모르고 자신이 받은 치료의 질도, 진료

비가 얼마나 될지도 알 수 없다. 의료에 관한 한, 소비자로서 환자는 전혀 '왕'이 아니다. 자신이 무엇을 필요로 하는지, 무슨 상품을 구매해야 하는지, 품질이 어떤 수준인지, 가격이 적당한지를 판단할 방도가 없다. 심지어 의사라 할지라도 환자가 돼 병원에 갔을 땐 진단과 치료의 과정을 다른 의사에게 의존할 수밖에 없다.

돌봄 서비스를 받는 아동·노인·장애인은 몸과 마음이 취약하다. 미성숙한 상태의 아동은 말할 것도 없고, 정신 능력이 낮거나 체력이 저하된 장애인·노인은 돌봄 제공자에게 순응할 수밖에 없다. 소비자들의 다양한 욕구는 개별화돼 충족되기 어렵다.

오랜 기간 시설에 있다가 처음으로 자기 집을 갖게 된 어느 장애인은 "내 방 소파에서 리모컨을 들고 퍼져 누워 내가 보고 싶은 TV를 마음대로 보는 것이 너무 좋다"고 기뻐한다. 때로는 이 수준을 넘어서는 인권 침해도 일어날 수 있다. 돌봄에서는 정보의 비대칭을 넘어 '권력의 비대칭'에 직면한다.

이럴 때 소비자 쪽의 대책은 소비자를 보호하고 능력을 키워주는 것이다. 피해 신고의 접수와 지원, 소비자 교육, 정보 제공 등이 대표적이다. 하지만 공급자가 잘해 주지 않으면 백약이 무효다.

좋은 질의 서비스를 제공할 수 있도록 지원하고 위법한 일이 있을 땐 엄중히 대처해야 한다.

우선 해야 할 대책은 은폐된 공간을 줄이는 것이다. 돌봄 제공기관은 언제든지 공개해 은밀한 부분이 없도록 하고 공개해도 될 만한 서비스를 제공할 수 있도록 사회적 지원도 늘려가야 한다.

의료 시장 또한 이런 '정보의 비대칭'이 문제가 되는 대표적 시장으로

의료에 관한 한 소비자로서의 환자는 전혀 왕이 아닌 것이다

게다가 돌봄 서비스를 받는 아동, 노인, 장애인은 몸과 마음이 취약하기까지 해

이들은 돌봄 제공자에게 순응할 수밖에 없기에

정보의 비대칭을 넘어 권력의 비대칭에 직면한다

이럴 땐 소비자를 보호하고 능력을 키워줘야 하고 동시에 공급자 또한 잘 관리하여야 한다.

우선 해야할 대책은 은폐된 공간을 줄이는 것이다

돌봄 제공기관은 언제든지 공개되어야 하고, 그런 수준을 유지할 수 있도록 사회적 지원도 늘려가야 한다

정부 직영 복지기관
1% 미만 한국

돌봄 서비스, 공공·민간이
반반 나눠 맡으면 질 높아질 것

전국에 경로당 68,737개와 노인대학 1,285개를 제외한 노인 복지기관은 9,765개다. 중앙과 지방 정부가 설립한 것은 9.9%, 그중 정부가 직영하는 기관은 겨우 0.8%다. 장애인 복지기관은 2,964개인데 정부 설립은 17.4%, 정부 직영은 0.6%다.

보건이든 복지든 한국 정부의 서비스 제공 기능이 유난히 빈약하다는 것은 잘 알려진 사실이다. 그래도 정부 '직영' 복지기관이 1%도 안 된다는 것은 누가 봐도 "너무 하네"라고 놀랄 수밖에 없겠다. 그나마 이건 2019년 자료이고 그 이후의 통계는 찾아볼 수 없다. 관심이 없으니 통계도 없는 것이다.

돌봄 서비스의 공공성이 부족해서 국민이 알게 모르게 입는 최대의 피해는 '질적 수준'을 담보하기 어렵다는 것이다. 돌봄은 흔적을 남기지 않는 경우가 많다. 예를 들어 요양보호사가 어느 집에서 3시간 동안 서비스를 제공했다는 기록이 있다 한들, 어떤 서비스를 어떤 질로 제공했는지는 파악할 방도가 없다.

인력·시설의 상황과 운영 실태를 따져 소위 '시설 평가'를 하고 있지만, 이것은 투입 요소를 평가하는 것이지 서비스 자체를 평가하는 방식은 아니다. 시설이 좋다고 서비스가 좋다는 보장은 없고 직원들의 휴가 규정을 어겼다고 서비스가 나빴다고 단정하기도 어렵다.

이런 상황에서 서비스의 질을 올리는 방법은 공공 서비스를 높은 수준에서 표준화하고 시장에서 일정한 비중을 차지하게 하는 것이 기본이다. 공공보육의 예를 들어 보자. 국공립 어린이집이 좋다는 소문이 돌자 대기자가 길게 늘어섰다. 공공보육을 받는 아동이 점점 늘어 지난해에는 33.5%까지 비중이 커졌다. 그러자 이제는 민간 어린이집이 공공보육의 수준을 따라가려고 노력하지 않을 수 없게 됐다.

공공이 만능이라는 것은 아니다. 그러나 우리처럼 민간이 99%를 넘는 나라에서는 당연히 시장 실패의 증상이 압도적으로 많다. 이럴 때는 공공의 비중을 늘리는 것이 합리적이다. 그러나 공공이 커지면 정부 실패가 일어날 가능성도 커진다.

우리가 할 수 있는 일은 정부 실패와 민간 실패의 합을 최소화하고 공공과 민간의 장점을 살리도록 노력하는 것이다. 공공과 민간의 배합 비율에 정답은 없다. 그러나 '50 대 50'쯤 되는 그 어름에 최적의 배합이 있지 않을까.

공공과 민간을
반반 배합해야 할 이유

공공   민간

각색 Jiwoo

전국에 경로당과 노인대학을 제외한
노인 복지기관은 9765개가 있고,

그중 정부가 설립한 것은
9.9%밖에 되지 않네

그 중에서도 대부분은 민간에 위탁해 운영해서
정부가 직영하는 기관은 겨우 0.8%이다.

고작?

색깔이
보이지도
않잖아

돌봄 서비스의 공공성이 부족하면
질적 수준을 담보하기 어려워진다.

이는 돌봄이란 것의
특성 때문인데,

돌봄

흔적이 남는 서비스는 평가가 용이하지만

공사 품질이 안 좋네. 대충 작업한 건가?

돌봄은 흔적이 대부분 남지 않기에 평가가 어렵다.

방문 기록

3시간 방문했다는데 서비스의 질이 어땠는진 이것만으론 알 수가...

이런 분야에서 서비스의 질을 올리는 방법은 공공 서비스를 높은 수준에서 표준화하고 시장에서 일정한 비중을 차지하게 하는 것이다.

우리가 잘 아는 공공보육을 예로 들자면,

공공

국공립 어린이집의 질을 높이자 소문이 돌고, 대기자가 줄을 서며 비중이 33.5%까지 늘자

민간 어린이집 또한 공공보육의 수준을 따라가려 노력해야만 하도록 된 것이다

망하지 않으려면 우리도 저정도는...

민간

물론 공공 또한 만능은 아니며,

공공 비중이 너무 높으면 정부실패의 가능성이 커질 수 있고

비효율   방만   부패   기타등등

그러나 우리나라는 너무나도 민간의 비중이 크기에 시장실패의 증상이 압도적이다.

아차 깜박했네

민간   0.8

소비자 피해   독과점   끊임없는 사건사고

우리가 할 수 있는 일은 정부실패와 민간실패의 합이 최소화되도록 노력하는 것이다.

공공   민간

배합 비율에는 정답이 없지만 50:50쯤 되는 그 어름에 최적의 배합이 있지 않을까

돌봄과 미래

우리는 모두
의존하는 존재

환자는 '우리',
장애인·노인은 '그들'?

가끔 다리를 다친 채 나들이를 하다 보니 색다른 경험을 한다. 깁스를 하고 휠체어를 타면 사람들이 동정하는 표정을 지으며 양보도 잘해 준다. "고생하신다"라며 인사하는 이도 있다. 그런데 좀 나아져 깁스를 풀고 제대로 옷을 입고 휠체어를 타면 태도가 바뀐다. 표정이 굳어 있고 고개를 돌리기도 한다. '환자'가 아니라 '장애인'으로 인식하기 때문이다.

이제 나이 칠십을 넘어 다치는 일이 잦아지니 주변 사람들이 나를 보는 태도가 약간씩 변해 간다. 곧 나을 '환자'라기보다 다치는 상태를 벗어나기 어려운 '노인'으로 보는 것이다.

환자와 장애인·노인은 무슨 차이가 있을까? 환자는 치료받으면 나아질 '잠정적 비정상인'이다. 그러니 '우리'에 속한다. 장애인이나 노인은 정상으로 돌아올 수 없는 '영구적 비정상인'이다. 난치 환자들도 장애인이나 마찬가지다. '우리'가 아니고 별도의 '그들'로 치부된다. 취약하고 의존적이어서 부담되는 존재이고 심지어 부끄러운 존재이기도 하다.

그러나 이들만 취약하고 의존적일까? 건강하고 능력이 넘치는 사람들도 얼마 안 있으면 돌봄에 의존해 살아야 하는 노인이 된다. 취약한 노인의 삶을 피해 가는 길은 단명의 비운뿐이다.

신체·정신적인 직접 돌봄을 받는 경우가 아니더라도 우리는 모두 언제나 취약하며, 그래서 늘 의존해야 살아갈 수 있다. 가족이 해주는 밥을 먹어야 사는 식구이자, 동료들의 배려를 받아야 활동할 수 있는 사회인이다. 용서받고 용서하면서 살아가는 '관계'의 존재다.

늘 의존하는 존재라는 말은 항상 돌보는 존재가 되어야 함을 동시에 의미한다. 의존성이 아동, 노인, 장애인, 환자에 국한되지 않듯이 돌봄의 제공도 여성이나 돌봄 노동자에 국한되지 않는다. 취약과 의존이 보편적이듯 배려와 돌봄도 보편적이다. 누구나 의존하고 누구나 돌보는 관계는 다양하고 난삽하게 얽혀 우리의 평생을 관통한다.

우리가 자신을 유능하고 독립적인 존재라고 느끼는 것은 의존하지 않아서가 아니라, 의존하고 있다는 것을 망각하기 때문이다. 그리고 그 망각에서 편견과 증오가 자라난다. 우리가 모두 취약하고 서로 의존하며 살아야 한다는 것을 깨달을 때 인간과 사회의 성숙함이 시작된다.

이들에게 환자는 치료를 받으면 곧 나아질 '잠재적 비정상인'이기에 '우리'에 속하지만

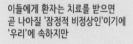

장애인이나 노인은 소위 말하는 '정상'으로 돌아올 수 없단 이유로 우리가 아닌 '그들'로 여긴다.

'당신들'은 우리와 달리 취약해서 도움이 없으면 살 수 없는 의존적인 존재잖아!

하지만

당신도 사회가 제공하는 도시, 도로, 통신망, 치안 등의 도움이 없으면 살 수 없지 않소?

그야말로 막대한 도움들

나 완전 의존하네?

사실 인간은 모두가 기본적으로 취약하고 도움이 필요합니다.

사람마다 정도가 조금씩 다를 뿐이죠.

난 눈이 안 좋아

난 추위에 약해

의존하고 있다는 것을 망각하게 되면 편견과 증오가 시작되고,

의존하고 있다는 것을 깨달을 때 성숙함이 시작됩니다.

73

'전국민돌봄보장'의 최대 조건은 정치적 합의이다

지역사회 돌봄 체계가 돌봄 부담에 짓눌리는 우리 사회를 진정으로 변화시키려면 전 국민 건강보장이나 장기요양 보장과 같이 '전국민돌봄보장'이 실현되어야 한다. 사회의 한구석에서 조금씩 이루어지는 돌봄도 물론 가치 있는 일이지만 사회 전체에 걸쳐 여성을 해방하고 노인과 장애인의 삶에 임팩트 있는 변화를 주지는 못한다. 모든 가정, 모든 당사자가 돌봄의 함정에서 벗어나게 해주지 않으면 우리 국민의 삶은 부담과 우울, 불화와 죄의식에서 헤어날 수가 없다.

전국적 수준으로 발전하려면 당연히 오랜 기간 수많은 우여곡절을 겪어야 할 것이 자명하다. 정책적으로는 가장 난이도가 높은 과제에 해당한다. 여러 직종의 보건복지 전문가들이 협력해야 한다. 공공부문과 사회적 경제가 성장하고 민간의 건전한 역할이 정립되어야 질 좋은 돌봄 서비스를 만들어진다. 이것들이 모두 한국에서는 절대 쉬운 일이 아니다, 중앙정부뿐 아니라 광역과 기초 정부들이 다양한 시도를 해 가면서 성공 사례를 교류하고 축적해 가는 에너지가 있어야 정책 발전을 장기적으로 지속할 수 있다.

어마어마한 돈도 필요하다, 중앙과 지방의 예산, 사회보장제도, 민간 투자 등 다양한 재원 조달 기전이 활용되어야 한다. 이들 복지 투자는 조세를 통해 자연스럽게 회수될 뿐 아니라, 지원주택, 주택 개조, 의료기기, 보조 용구 등 돌봄 산업을 발전시키면 투자보다 많은 회수가 가능할 수도 있다. 돌봄 투자가 단순한 퍼주기가 아니라 경제를 성장시키는 펌프의 하나라는 전략이 필요하다.

이런 모든 과정이 원활하게 진행될 수 있는 절대적인 전제조건은 '정당들의 합의와 지원'이다. 돌봄에는 보수와 진보가 없다. 보수 인사라고 늙지 않는 것도 아니고, 재벌 집에서도 장애인은 태어난다. 돌봄의 필요에 빈부격차가 없듯이 돌봄의 혜택도 보편적이어야 한다. 돌봄을 자기 일로 걱정하는 노인 세대가 18.4%이고, 부모를 모시는 부담을 받는 45~64세의 인구가 32.5%이다. 돌봄의 당사자가 총인구의 절반을 넘는다는 뜻이다.

이미 돌봄은 시대정신이자 여야 공통의 과제가 되었다. 모든 정당이 돌봄을 '합의 과제'로 수용하고 서로 누가 더 잘하는지 숨 가쁜 경쟁을 해야 하는 상황이다. 이런 합의를 바탕으로 국민의 폭증하는 의견을 받아 정치가 최선의 돌봄 체계를 만들어 나가야 한다.

많은 돈이 투입되어야 하기에 다양한
재원조달 기전이 활용되어야 한다

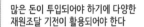

예산뿐만 아니라
민간투자도 필요!

그래봤자 다
돈낭비 아니야?

지원주택, 보조용구 등 돌봄산업을 발전시키면
투자보다 많은 회수가 가능할 수 있어요.

아하! 옛날에 공장 짓던 것처럼
새 경제기반을 만드는거구나!

신규
사업

서비스
창출

이처럼 돌봄투자는 경제를 성장시키는
펌프의 하나라는 전략 또한 필요하다.

이런 모든 과정이 원활하게 진행될 수 있는
절대적 전제조건은 정당들의 합의와 지원이다.

이쪽으로
가야 해

너네가 주장했단
이유만으로 반대

저런 사람들이
합의가 가능할까?

그러나 돌봄은 이념과 빈부를 가리지 않고
모두에게 똑같이 해당되는 일이다.

좌파나 우파나
늙는 건 똑같고

아무리 부잣집에서도
장애인은 태어나니까

합의가
가능하겠네!

현재 돌봄을 자기 일로 걱정하는 노인세대가
18.4%이고 부모를 모시는 부담을 받는
45~64세의 인구가 32.5%이다

이미 돌봄의 당사자가
과반수를 넘었잖아?

앞으로도 더
늘어날거고!

합의가 가능한 정도가 아니라
필수적으로 하셔야겠네...

이미 돌봄은 여야 공통의 과제가 되어
모든 정당이 누가 더 잘하는지
숨 가쁜 경쟁을 해야하는 상황이다.

이런 합의를 바탕으로 정치가
최선의 돌봄체계를
만들어 나가야 한다.

돌봄과 미래

지역사회 돌봄에 대해

1

20세기 말까지만 해도 노인을 모시는 일은 – 적어도 겉으로는 – 큰 부담이 아니었다. 노인의 수가 많지도 않았고 부모에 효도하는 것이 너무 당연해서 짐으로 느끼지 않기도 했다. 아이를 키우는 일이 훨씬 더 손이 많이 가는 일이었지만, 시골 동네에서 도시의 골목길에서 아이들은 친구와 어울려 자연스럽게 커나갔기에 가족의 보육 노동은 많이 덜어질 수 있었다. 돌봄이 특별히 어려운 경우는 주로 장애인이 있는 집이었다. 심한 장애인이 있는 집에서의 돌봄 부담은 예나 지금이나 만만치 않다. 길게 끄는 환자가 생기면 그 부담도 컸다. '장병에 효자 없다'라는 속담이 그 힘듦을 암시한다.

그 시기에 돌봄 부담은 어떻게든 가족의 책임으로 '감당'해 나갔다. 겉보기에 아주 '평화로운' 이 전통적 가족복지 체제는 사실 여성의 가혹한 희생을 전제로 한 것이었다. 가부장적 문화에서 여성의 희생은 '현모양처'의 기본 조건이라서 아무도 그것에 특별한 의미를 부여하지 않았다.

그러나 60~70년대에 산업화와 도시화가 빠른 속도로 진행되어 가자 지역사회 공동체의 역할이 줄고, 동시에 가족 구조가 핵가족화하며 씨족공동체의 역할도 줄었다. 돌봄 노동은 급속히 핵가족 안으로 집중되었다. 21세기로 넘어오면서 여성의 성 역할도 변하기 시작했다. 이제 많은 여성이 직장 노동과 가사 노동을 겸해서 해야 한다. 반면, 남성의 성 역할은 아주 느리게 변하고 있어서 여전히 가사 노동에 참여하지 않고 있다. 또한, 여성이 새로 진출한 노동시장은 여성에 차별적이고 결혼과 출산에 호의적이지 않다. 여성은 각 기업과 노동시장에서의 지위도 열악하다. 가정과 노동시장에서 여성은 이중적으로 어려움을 겪고 있다. 돌봄 노동이 '가족화'되고 그 부담이 여성에게 가중되기 때문이다.

이제 혼인 나이의 연장, 비혼 가구와 이혼 가구의 증가, 평균수명의 증가 등으로 각 연령층 모두 1인 가구의 비중이 커지면서 돌봄

문제는 또 다른 차원으로 진입하고 있다.

국가에서도 돌봄 부담을 경감시키려는 다양한 노력, 예를 들어 보육제도의 강화, 노인장기요양보험의 도입, 장애인 복지의 확대, 간호간병 통합 서비스 등을 추진하여 적지 않은 성과를 거두었다. 그러나 돌봄 부담을 충분히 '탈가족화' 하기에는 양적, 질적 수준이 크게 미치지 못한다. 더욱이 탈가족화의 대안으로 '시설화'가 초래되고 돌봄 노동자의 노동조건이 매우 열악한 수준으로 설정되는 등 여러 가지 새로운 문제들을 배태하기도 했다.

따지고 보면, 아동·노인·장애인·환자는 돌봄을 받아야 할 의존적 존재이고 돌봄의 제공자는 여성이라는 도식 자체가 이미 낡은 개념이라는 것을 알 수 있다. 이들을 의존적 존재로 보고, 돌봄을 사소한 것으로 보는 데에서 알게 모르게 무시와 멸시가 싹트게 된다. 우리는 누구나 타인에게 의존하여 살아야 하고, 누구나 타인을 돌보며 살아야 한다는 것을 깨달아야 한다.

아동, 노인, 장애인, 환자들의 돌봄을 사회화하여 본인의 행복을 보장하면서 가족의 부담을 줄이는 새로운 제도, 새로운 사회의 형성이 시급한 시대가 되었다.

2

지역사회 돌봄 체계 구축의 과제는 노인·장애인·환자가 자기가 살던 곳에서 계속 살 수 있으면서(Aging/Living in Place) 가족의 부담이 덜어지는 방식을 찾는 것이다. 아동의 보육은 통상 별도의 체계를 만들기 때문에 지역사회 돌봄과는 분리해서 다루게 되지만 아동·청소년 문제의 상당 부분은 지역사회의 돌봄을 필요로 한다.

노인·장애인·환자는 독립적 생활을 하면서 자신의 신체적, 정신적 기능을 유지·회복시킬 수 있어야 하고, 가족은 돌봄의 부담이 줄어들어야 한다. 돌봄 때문에 그 가족이 사회경제적 활동에 지장이 생기거나 기존의 소득수준이 크게 낮아져서는 안 된다는 것이다.

요컨대 탈시설화와 탈가족화를 동시에 달성하고자 하는 것이다. 여기서 탈시설화란 시설에 있는 사람을 빼내오는 것도 있지만, 가족 부담을 덜어 시설로 들어가는 것을 예방하는 경우도 포함한다.

3

이러한 체제를 만드는 핵심적인 전략은 '방문 서비스'와 '주야간 보호 서비스'를 강화하는 것이다.

방문 서비스는 전문가가 집으로 방문하여 제공해 주는 서비스를 말한다. 지금처럼 환자가 병원 외래로 찾아가거나 입원하는 방식이 아니라 의사가 집으로 왕진을 오는 방식이라고 할 수 있다. 당사자의 필요에 따라 요양보호사뿐 아니라, 사회복지사, 의사, 간호사, 치과의사, 한의사, 약사, 각종 치료사 등 다양한 전문가들이 방문하게 된다.

더 나가서 보건의료와 복지요양을 '비빔밥'으로 만들어 종합 패키지로 제공해야 한다. 상당히 많은 노인과 장애인이 병도 있고 수발도 받아야 하는 의료와 복지의 '복합적 필요(needs)'를 가지고 있어서 의료 따로, 복지 따로 받는 방식이 부적절하기 때문이다.

그렇다고 해서 요양병원이나 노인·장애인 시설 같은 '시설 서비스'가 불필요한 것은 아니다. 누구나 살다 보면 시설에 들어가야 하는 때가 생기기 마련이다. 집에서 돌볼 수 없는 수준의 기능장애가 생겼을 때는 병원이나 시설에 들어가 손상된 기능을 복구해서 지역사회로 다시 돌아올 수 있도록 해야 한다. 이를 '순환적 돌봄'이라 한다.

문제는 한국의 요양병원이나 노인·장애인 시설이 한번 들어가면 못 나오는 일이 많다는 것이다. 지역사회 돌봄과 시설 돌봄은 대립적인 것이 아니라 보완적인 것이며, 양자의 개혁은 동시에 진행되어야 한다.

4

지역사회 돌봄은 '서비스'를 제공하는 것만으로 효과를 볼 수 없다. 물질적 자원과 수단이 뒷받침되어야 한다.

노인·장애인의 저하된 기능을 보완해 주는 물질적 도구가 의료기기와 보조기기다. 이분들을 지역사회에서 지내도록 하려면 이런 도구들이 충분히 공급되어야 한다. 다양한 보조기기가 상실된 상하지 기능을 보완하기도 하고, 웨어러블 의료기기들은 재가 환자들의 증상을 모니터링하는 데 사용될 수 있다.

아무리 많은 기기가 사용된다 해도 집 자체가 불편하면 별 소용이 없다. 보행기나 휠체어가 드나들 만큼 문이 넓어야 하고 문턱 등 높낮이 차도 사라져야 한다. 벽에는 안전 손잡이, 욕실에는 미끄럼 방지 패드가 필요하다. 이렇게 '주택 개조'를 해 주면 안전성과 편리성을 크게 높일 수 있다.

'지원주택(Supportive Housing)'도 외국에서는 많이 사용하는 주거 대책이다. 1~2인 가구 노인·장애인을 위한 장기 임대주택에 '주거 지원 서비스'를 결부한 것이다. 주거 지원 서비스는 입주민의 기능 저하 상태에 따라 청소, 빨래, 식사, 장보기, 외출 동행 등 생활 지원 서비스가 맞춤형으로 구성된다.

한국에서는 이런 집들이 주로 고소득층을 대상으로 만들어지고 있으나. 유럽, 일본 등에서는 지원주택을 중산층들도 입주할 수 있는 방식으로 대량 공급하고 있다. 주택 개조는 지자체의 기본 서비스 중 하나가 된 지 오래다.

5

지역사회 돌봄을 필요로 하는 사람이 얼마나 될까? 대표적인 수요자는 일상생활 기능이 떨어져 있는 노인과 장애인이다,

2024년 한국의 노인 인구는 993.8만 명, 총인구의 19.2%에 달한다. 75세 이상의 노인만 해도 392.6만 명이다. 내년이면 노인 인구가 1천만 명을 넘고 비중도 20%를 넘어 초고령 사회로 들어간다. 고령화가 또 하나의 고비를 넘어서는 셈이다. 노인의 약 10~15% 정도에 돌봄이 필요하다고 하니 그 수는 약 100~150만 명 정도로 추정할 수 있다.

2023년 현재 심한(중증) 장애인은 98만4천 명이다. 장애인 중에는 신체장애, 정신장애, 내부장애 등이 있다. 발달장애, 뇌병변장애 등과 콩팥, 심장, 간, 장루 등의 내부장애인들은 특히 돌봄 노동과 추가적인 비용의 부담이 크다. 장애인들이 노인이 되거나 비장애인이 노후에 새로 장애가 생겨 구성되는 '고령 장애인'은 고령과 장애의 이중 부담을 지는 집단이다.

이처럼 노인 100~150만 명, 심한 신체·정신장애인 100만 명 정도를 돌봄의 기본적인 필요(needs) 집단으로 상정할 수 있다.

그러나 지역사회 돌봄이 있어야 하는 사람들은 이들을 넘어서서 범위가 훨씬 더 넓다. 급성기병원, 요양병원이나 집에서 와병 중인 환자, 희귀질환자, 결핵 등 감염병 환자, 생애 말기 환자 등의 병구완도 돌봄의 큰 부분이다. 때로는 수준 높은 방문 보건복지 서비스를 해주어야 한다.

치료에 순응하지 않는 고혈압, 고혈당 환자들을 가정 방문하여 치료를 안 받는 이유를 고쳐주면 치료순응도는 비약적으로 좋아

질 것이다. 극심한 저출산 시대에 우리는 모자보건 사업을 까맣게 잊어버리고 있다. 수많은 불우 청소년과 노숙자들이 돌보아주는 이 없이 살고 있다는 것을 상기해 보자. 이처럼 지역사회 돌봄은 활용 범위가 매우 넓고 유용한 서비스다. 이러한 돌봄 필요를 모두 모아보면 노인과 장애인의 필요 수와 비슷하거나 그 이상이 될 수도 있다.

지역사회 돌봄을 보는 관점과 전략에 따라 수요 추정은 매우 큰 차이를 보일 수 있다. 실현 타당성(feasibility)을 중시하는 관점에서는 '사업' 범위를 작게 잡으려는 경향이 있다. 반면 사회문제의 해결(problem solving)을 중시하는 측에서는 폭을 크게 잡으려 한다. 필자의 의견으로는 사회문제를 해결할 수 있는 수준으로 넓게 설정하되, 전략은 실현 가능성이 있게 단계화하는 것이 타당할 것이다.

6

이렇게 큰 사회적 필요를 충족시키자면 돌봄 관련 서비스의 공급자를 대규모로 확보해야 한다. 다양한 보건의료, 사회복지, 주거복지의 전문인력은 일부 직종을 빼고는 조달이 가능할 것으로 보이나, 이들을 활용하여 방문, 주야간 보호, 주거복지 등 새로운 서비스를 생산해 내는 제공 조직이 구성되어야 한다. 아직은 많은 부분에서 공급조직이 매우 부족하다.

이들 공급 조직은 공공이나 민간이 설립·운영할 수도 있고, 제3

섹터인 사회적 경제가 맡을 수도 있다. 한국에서는 사회 서비스의 공급을 민간에 크게 의존하는 경우가 많지만, 공공과 민간은 각각 장단점을 가지고 있어서 적절한 배합이 필요하다. 공공의 역할이 충분히 발휘되는 것은 돌봄의 성격 때문에 매우 중요하다. 돌봄에서 공공이 가지는 큰 기능은 질적 기준을 설정하는 일이다. 질적인 보장이 확실하지 않은 돌봄은 아무리 많아야 소용이 없다. 사회적 경제는 확산 속도가 느리기는 하지만 경제활동을 하면서 이윤보다는 공공선을 추구한다는 점에서 돌봄에 매우 적합한 조직 형태이다.

지역사회 돌봄은 현장에 밀착된 생활 정치의 영역이기 때문에 기초자치단체의 기본적 임무라 할 수 있다. 방문 서비스, 주야간 보호센터, 주택 개조 등은 단가가 낮아 재정이 넉넉하지 못한 시·군·구에서도 독자적으로 할 수 있는 사업들이다. 중앙정부는 전국적으로 통일되어야 할 정책 방향의 설정, 법령과 기준의 제정, 재원의 조달 등의 역할을 맡게 될 것이다. 그 사이에서 광역자치단체는 기초를 지원하고, 광역에 공통으로 적용하여야 할 영역을 맡아야 한다. 서비스의 질 관리는 각급 정부들이 공통으로 노력해야 할 영역이다. 건강보험공단이나 토지주택공사 같은 공공기관도 정부와 함께 다양한 영역에 참여하고 이바지하게 될 것이다.

이렇게 새로운 공급체계를 만들어 가는 과정에 기존의 돌봄 노동자들이 겪는 열악한 노동상황을 개선하는 노력을 잊지 말고 결합

해야 한다.

7

지역사회 돌봄이 각 지역에서 합리적으로 주민들에게 전달되기 위해서는 '돌봄 지원의 통합적 조정 기구'가 필요하다.

신청자의 다양한 필요를 통합적으로(보건의료적, 사회적, 더 나아가서는 주거복지의 필요까지) 판정하고, 이에 따라 제공해야 할 서비스를 맞춤형으로 종합 기획(역시 보건의료적, 사회적, 주거복지의 서비스까지)한다. 이것을 소위 '돌봄의 원스톱 서비스'라고 한다. 이렇게 기획된 서비스를 여러 분야의 제공자들이 제공하며, 제공자가 복수일 때 서비스를 상호조율하는 기능도 한다. 그 과정과 결과는 평가를 위해 모니터링해야 하며, 이를 위해 필요한 각종 관련 정보는 적절히 공유되어야 한다.

적절한 주택 개조 서비스나 지원주택의 제공을 위한 주거복지 전달체계는 보건복지의 전달체계와 하나로 합쳐질 필요는 없겠지만, 긴밀히 연결되는 것은 꼭 필요하다. 무엇보다 부동산으로만 보던 주택을 복지의 한 부분으로 보는 관점의 전환이 필요하다. 보건복지부와 국토교통부의 협조도 결정적으로 중요하다.

지역사회 돌봄의 확대를 위해서는 개인용 의료기기, 보조기기의 공급을 대대적으로 늘려야 한다. 이에 대비하여 의료기기와 보조기기의 국산화와 표준화, 합리적인 가격 설정, 전달체계의 정비를 하루빨리 서둘러야 한다. 더욱이 이런 기기들은 빠른 속도로 스마트화해 가고 있다. '보조기기 센터(Assistive Technology Center)'는 각종 보조기기를 한곳에 모아두고 노인과 장애인들이 자신에게 적합한 보조기기를 선택할 수 있도록 지원하는 기관이다. 이들이 체험의 장이 될 뿐 아니라 공급의 합리화에도 연결되어야 한다.

8

그동안 경제적 가치를 인정해 주지 않던 무급 가사 노동의 가치를 계산해 보려는 시도들이 나타나고 있다. 돌봄의 진정한 가치를 계산하고 인정하는 것이 도덕적으로 얼마나 중요한지는 새삼 강조할 필요가 없을 것이다. 그러나 돌봄을 사회화할 때, 비용이 얼마나 들고 고용은 얼마나 창출할지를 예측하기 위한 실용적 목적으로도 이 계산은 필요하다. 그 가치를 '돌봄 경제'라고 한다.

한편 돌봄 경제라는 말은 돌봄 서비스의 생산과 그에 파생되어 돌봄 관련 물자와 정보 등을 생산하는 산업을 지칭하는 뜻으로도 쓰인다. 돌봄 서비스의 생산은 공공 또는 민간이 각각 맡을 수 있으므로 이를 통틀어 '산업'이라고 칭하기에는 무리가 있다. 민간의 돌봄이라도 이를 이윤추구를 위한 상품으로 삼아 '산업화' 또는 '상업화'하는 것에는 찬반의 견해 차이가 없을 수 없다. 그러나 돌봄 관련 물자에 관련된 산업을 육성하자고 하는 것은 별문제가 없을 것이다. 그래서 '서비스의 산업화'와 '물적 자원의 산업화'는 구분되어야 한다.

돌봄 체계의 구축은 복지의 확대와 관련 산업의 발전이 동시 진행되는 과정이다. 흔히 고령화가 위기이자 기회라고 하는 말은 고령 친화 산업의 발전이 블루 오션의 기회가 될 수 있다는 뜻이다. 이것이 정말 기회가 되려면 돌봄 산업이 발전하고 국산화가 이루어져서 큰 규모의 경제순환 과정에 국내 경제 안에서 돌아가야 한다. 더 나가 수출을 할 수 있다면 그 가치는 더 커진다. 돌봄의 물적 자원은 강력하게 문화와 결부되어 있다. 아시아 일원이 우리의 시장이 될 수도 있다는 뜻이다.

9

누구나 예측할 수 있듯이 전국민돌봄보장 체계의 구축에는 막대한 재정이 소용될 것이다. 그래서 차마 엄두도 내지 못할 일이라는 의견도 있을 수 있겠다.

그러나 그 많은 돈이 한날한시에 목돈으로 필요한 것이 아니다. 앞으로 10~20년에 걸쳐 매년 얼마씩 꾸준하게 소용되는 것이니 마치 할부로 비싼 자동차를 사는 것과 비슷한 방식이다.

또한, 그 비용은 한번 쓰면 사라지는 것이 아니라 일정한 기간을 두고 서서히 회수된다. 돌봄 서비스의 제공 기관이나 물자 생산 업체는 영업세, 법인세를 내고, 물자를 거래하면서 거래세를 낸다. 여기서 고용한 인력은 월급에서 소득세를 내고, 소비하면서 거래세를 낸다. 이 모든 과정이 세출로 풀린 돈을 세수로 회수하는 과정이다.

돌봄은 서비스를 생산하는 현물 급여형 복지라서 연금 같은 현금 급여형 복지보다는 승수효과가 크다. 돌봄 산업이 발전하면 더 커질 것이고 수출을 할 수 있으면 더욱 증폭될 것이다.

돌봄 사업은 복지를 만드는 건설 프로젝트이자 경제를 순환시키는 펌프와 같다.

10

전국민돌봄보장은 국민의 삶을 뿌리부터 크게 바꾸어 놓을 것이다. 돌봄의 함정에 빠져 집집마다 끼어 있는 먹구름이 걷힐 것이다. 노인과 장애인은 독립적인 능력을 최대한 유지하면서 살던 집에서 살 수 있고, 가족들은 돌봄의 멍에에서 벗어나 자기 인생을 제대로 살 수 있을 것이다.

사회와 경제도 돌봄을 통해 활력을 되찾을 수 있을 것이다. 돌봄에서 풀려난 여성, 건강해진 노인, 유능해진 장애인이 새로운 생산 가능 인구가 되고, 사회화된 돌봄과 돌봄 산업이 새로운 일자리를 만들어 낼 수 있다. 돌봄 체계의 구축은 직접적으로는 고령화 대책이고, 보육과 함께 저출산 대책이기도 하다. 가계의 부담 경감과 일자리를 통한 가계 수입을 늘려 양극화의 완화에도 기여하게 된다.

이런 거대한 계획을 완성하는 데에는 그만큼 강력한 추진력과 일관성이 필요하다. 이것이 최대의 난점이 될 것이다. 저출산 대책처럼 누구나 중요하다고 입을 모으면서도 어느덧 흐지부지되어 버리거나, 우왕좌왕하는 교육 정책처럼 방향을 잃어버리는 전철을 밟아서는 안 되겠다. 직역 간 갈등에 좌초되거나, 이윤추구의 파도에 휩쓸려 버리거나, 정당 간 정쟁의 대상이 되어 흔들리는 것을 피해가야 한다.

그래서 여야당의 구분이 없는 정치적 '합의 과제'로 만들어 가는 것이 특히 중요하다. 돌봄 체계의 구축은 적어도 10~20년의 긴 세월이 소요되는 마라톤 뛰기다. 그동안 있을 정권교체를 넘어가면서 일관성을 유지하려면 돌봄이 '대립 과제'가 되어서는 안 된다.

돌봄은 빈부도, 지역도, 정치적 성향도 관계없는 보편적 과제이기 때문에 그렇게 될 가능성은 상당히 크다고 할 수 있겠다. 그러나 이것도 전국민돌봄보장에 대한 국민적 여론이 강력하게 형성될 때만 가능한 일이다. 부지런히 꾸준하게 돌봄의 사회운동을 전개해야 하는 이유가 바로 이것이다.

돌봄이 부담의 어두움이 아니라 공생의 희망이 되는 사회를 만들어 나가자.

재단법인 돌봄과 미래를
소개합니다

'(재) 돌봄과 미래'는 아프다고, 늙었다고, 장애가 있다고 병원이나 시설에 가지 않아도 되는 삶, 자신이 인간다운 생을 이어가는 삶, 가족들이 돌봄 노동과 비용의 짐을 떠안지 않는 삶. 이 조건들을 그들의 여생과 삶에 갖추어주는 일을 하고자 만들었습니다.

우리 사회와 가족 모두의 절실한 과제이지만 제대로 손을 못 데고 있었습니다. '돌봄 불안이 없는 사회'를 위해 많은 분의 뜻이 모여 2022년 9월 '(재) 돌봄과 미래'를 설립하였습니다.

중앙 정부와 지방 정부가 지역사회에서 의료, 요양, 주거 등 필요한 서비스를 제공해주는 제도적 기반이 마련되어야 합니다.

이를 위해서 ⑽ 돌봄과 미래는 정책세미나, 토론회, 교육연수, 강연 등으로 올바른 돌봄을 소개하고 연구 학술, 정책 제안, 법령 정비, 대국민소통 등의 활동을 실행하고 있습니다.

시민의 참여와 여론 확산이 꼭 필요합니다. 후원회원으로 가입해주셔서 힘을 보태주시면 '전국민돌봄보장' 실현을 위한 활동에 소중한 도움으로 삼겠습니다.

※ 후원방법

● ⑽ 돌봄과 미래 홈페이지 http://dolbom-mirae.kr

　→ 가입하기 → 후원회원가입/특별기부

● 전화번호 02) 707-3988

재단법인 돌봄과 미래 주요 활동

창립 1주년 기념 활동 영상 (2023.11.30.) 캡처

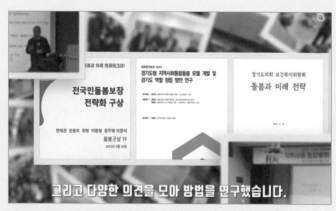

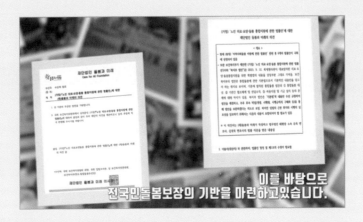

이를 바탕으로
전국민돌봄보장의 기반을 마련하고있습니다.

여론조사를 통해
전국민돌봄보장이 얼마나 시급한지를 진단했습니다.

김용익의 돌봄 이야기

초판 1쇄 펴냄 2024년 2월 15일
지은이 김용익 글 · 기그지우 그림
만든이 백재중 조경애 박재원
펴낸이 이보라
펴낸곳 건강미디어협동조합
등록 2014년 3월 7일 제2014-23호
주소 서울시 중랑구 사가정로49길 53
전화 010-2442-7617 팩스 02-6974-1026
healthmediacoop@gmail.com 값 9,000원
ISBN 979-11-87387-31-2 03330